AF245796

DETTES ET PRESTATIONS

DE LA

VILLE DE COLMAR.

Arrêt de liquidation du 28 novembre 1721

PUBLIÉ PAR

ANDRÉ WALTZ.

Extrait de la „Revue d'Alsace".

STRASBOURG

IMPRIMERIE ALSACIENNE ANC¹ G. FISCHBACH

1893

Tiré à 50 exemplaires.

DETTES ET PRESTATIONS

DE LA VILLE DE COLMAR

en novembre 1721

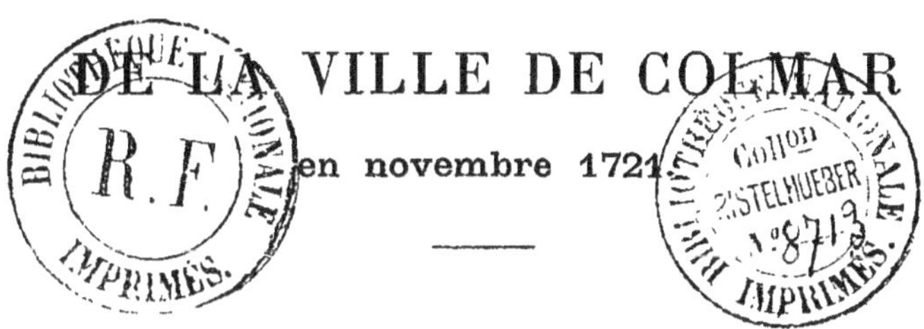

Dans le cours du « Mémoire » du syndic Félix-Henri-Joseph Chauffour [1], il est souvent question de l'arrêt du Conseil d'État, portant liquidation des dettes de la ville de Colmar. Cet arrêt est en quelque sorte le complément du travail du syndic, auquel il peut servir de pièce justificative. Le texte complet en est resté jusqu'ici inédit et ne figure ni dans les Ordonnances d'Alsace, ni, à notre connaissance, dans aucun recueil ou ouvrage de ce genre. Les différentes constatations de cette décision intéressent au plus haut degré l'histoire de la ville de Colmar, pendant la première partie du 18e siècle. Nous pensons qu'à tous ces titres elle mérite d'être livrée à la publicité.

On sait que la souveraineté de la France en Alsace fut d'abord plus nominale que réelle et ne put s'y établir pleinement que longtemps après la conclusion de la paix de Westphalie. Les contestations auxquelles donnèrent lieu ce traité, les tentatives de l'empire de reprendre la province, les guerres qui désolèrent le pays, les différents pouvoirs qui s'y succédèrent, furent autant d'obstacles au fonctionnement permanent et régulier du pouvoir public et de l'administration royale. Occupées et rançonnées par les gens de guerre, accablées de charges et d'impôts, les communes d'Alsace

---

[1] «Mémoire du Syndic Chauffour, concernant Colmar, publié par André Waltz.» *Revue d'Alsace*, années 1890-1892.

furent, pendant toute cette période, en proie aux plus graves désordres financiers. Elles avaient été obligées, pour faire face à leurs incessants et pressants besoins d'argent, de recourir à de fréquents emprunts ; mais indépendamment des sommes qu'elles devaient réellement, elles avaient été constituées débitrices de sommes qu'elles n'avaient jamais reçues et qui avaient profité à d'autres. Il était arrivé, en effet, à la faveur des désordres inévitables de ces temps de guerre et de transition, que des sommes considérables avaient été empruntées, sous leur nom, mais en réalité pour le compte d'autres personnes : des particuliers, des seigneurs, même de la Maison d'Autriche.

Les baillis et les prévôts devaient, quand les communes contractaient un emprunt, faire signer tous les habitants de la communauté, interpeller ceux qui ne savaient pas signer et faire passer les actes devant un notaire royal ou greffier. Mais ces formalités, nécessaires à la validité du prêt, n'avaient pas toujours été observées. Les baillis, de concert avec les prévôts, se bornaient quelquefois à faire apposer sur les actes le sceau ou cachet de la communauté, qui était généralement en leur possession. Ils pensaient engager ainsi les communautés et les rendre responsables de leurs malversations.

Ces abus exposèrent les communautés à des poursuites injustes. Elles se pourvurent, pour s'y soustraire, auprès du roi qui, par un premier arrêt rendu en son Conseil d'État, . le 26 décembre 1683 [1], ordonna la liquidation des dettes des communautés d'Alsace et régla en même temps la manière dont les communautés devaient contracter à l'avenir.

Quant au passé, il fut décidé : 1° que tous les particuliers qui auraient à prétendre des rentes sur les communautés de la province d'Alsace, seraient tenus de produire, devant

---

[1] *Recueil d'ordonnances du Roy et reglemens du Conseil souverain d'Alsace.* Colmar 1738 ; I, p. 178.

l'Intendant, les titres établissant leurs créances ; 2° que les créanciers des communautés devaient, sous peine de 500 livres d'amende, surseoir à toutes poursuites contre lesdites communautés. En ce qui concerne les nouvelles charges et dettes à contracter par les communautés, il fut prescrit de passer « tous les actes, obligations, contracts de rentes, alienations, testamens, et autres generalement quelsconques par devant deux notaires royaux ou l'un d'eux en presence de deux témoins, qui signeront conjointement avec les parties et ledit notaire, et à défaut d'celuy par les greffiers de chaque ville, bourgs ou villages dans leurs dépendances seulement, en la même maniere, à peine de nullité. »

Cet arrêt resta lettre morte pendant plus de quinze ans. Ce n'est que le 12 mai 1699 qu'intervint un nouvel arrêt[1], qui rappelle toutes les prescriptions de celui de 1683, notamment celles relatives à la suspension des poursuites et aux nouveaux engagements, et nomme Commissaires à l'effet de recevoir les titres en question les sieurs marquis d'Huxelles, commandant pour le roi, et de La Fond, intendant en Alsace.

Les événements politiques et les guerres qui se succédèrent à la fin du 17e siècle et au commencement du 18e siècle, surtout la guerre de la succession d'Espagne, empêchèrent encore l'exécution de ces deux décisions. Ce n'est qu'après la paix d'Utrecht, que cette question de liquidation des créances reçut une solution définitive. Le roi avait déjà rendu, le 14 décembre 1714, un arrêt général relatif aux créances de toutes les communautés du royaume. Nous trouvons à la date du 26 juin 1717[2], un troisième arrêt du Conseil d'État qui, se fondant sur les mêmes raisons que les deux précédentes décisions, ordonne également la production et la liquidation des dettes des communautés, et nomme,

---

[1] Même recueil, p. 352.
[2] Même recueil, p. 615.

comme commissaires devant procéder à la réception des titres de tous ceux qui se prétendent créanciers, les sieurs Leonor du Mayn, comte du Bourg, lieutenant-général, commandant en chef pour le service du roi, Nicolas Prosper Bauyn d'Angervilliers, conseiller du roi, intendant de justice, police et finances en Alsace, et Klinglin, prêteur royal à Strasbourg ; mais ce dernier arrêt fixe pour la production de ces titres un délai de six mois.

C'est conformément à cette sentence que fut rendu, le 28 novembre 1721, l'arrêt définitif, concernant la ville de Colmar, dont il est question plus haut. Nous reproduisons ce document dans toute sa teneur. On verra qu'il a pour objet de fixer, d'une part, le montant des charges annuelles, traitements, salaires, prestations de tout genre de la ville ; d'autre part, les différentes sommes dues par la ville à ses créanciers. Cet arrêt établit en même temps, dans sa dernière partie, les règles suivant lesquelles la ville de Colmar devra désormais gérer et administrer sa fortune immobilière.

Nous avons utilisé pour cette publication deux copies de l'arrêt, qui paraissent avoir été faites au milieu du 18e siècle ; elles diffèrent quant à l'orthographe, mais le texte en est identique. L'une d'elles porte la mention « Collationé Chaufour syndic »[1] et se termine par la formule exécutoire ordinaire ; à la suite de l'autre est copié un arrêt du Conseil d'Etat, rendu le 4 août 1764, à l'occasion d'une contestation relative à l'interprétation du même arrêt de liquidation. C'est cette dernière copie que nous avons suivie de préférence, en distinguant par des guillemets quelques passages qui ne se trouvent que dans la première.

Colmar, le 2 décembre 1892.

ANDRÉ WALTZ.

---

[1] Probablement François-Antoine Chauffour, syndic du Magistrat de Colmar de 1723 à 1750, père de l'auteur du « Mémoire ».

Arret de liquidation pour la ville de Colmar,
rendu par le Conseil d'Etat du Roy le 28 novembre 1721.

(Extrait des Registres du Conseil d'Etat.)

Vû par le Roy en son Conseil, les arrets rendus en icelui les 26e Juin 1717 et 31e Janvier 1719, par lesquels Sa Majesté auroit nommé des Commissaires pour proceder à la veriffication et liquidation generale des dettes des Communautés de la Province d'Alsace;

Le Procés verbal desdits Sieurs Commissaires, du 11 May 1721, contenant la liquidation des dettes de la ville de Colmar, en suitte des demandes et titres representés par les créanciers de ladite Communauté et des deffenses et contredits de ces Députés et autres contestations des parties, faites pardevant le sieur Freytag, avocat au Conseil supérieur d'Alsace, commis à cet effet, par ordonnance desdits sieurs Commissaires du 20 Janvier 1718. L'état des charges ordinaires et extraordinaires de ladite ville et Communauté ; celuy de ses revenus montants à 67000 livres, suivant le Bail du 7 Decembre 1720, outre le produit des bois, prés, vignes et terres labourables reservés par ledit bail; la délibération de ladite Communauté du 24 May¹ 1720, sur les moyens d'acquitter lesdittes Dettes et charges, avec l'avis desdits sieurs commissaires,

Ouy le Rapport du sieur Le Pelletier de la Houssaye, Conseiller d'Etat ordinaire et au Conseil de Regence pour les finances, controleur general des finances,

Le Roy, etant en son Conseil, de l'avis de Mr le Duc d'Orleans, regent, a ordonné et ordonne, conformement a l'avis desdits sieurs Commissaires, qu'à commencer du premier Janvier « dernier » les charges de la Ville et Communauté de Colmar demeureront fixées, en deniers, à la somme de 47200 livres et à 488 rezeaux, deux boisseaux de grains de differentes especes ; 59 mesures, 6 pots de vin ; 46 milliers de foin; 800 cordes de bois et 10000 fagots et qu'elles seront prises, par preference à toute autre charge et dette,

¹ 21 mai sur l'autre copie.

sur le produit des biens et revenus communs de ladite ville et payées sans divertissement ainsy qu'il en suit, savoir :

Au Commandant pour le service du Roi en laditte ville, 3100 livres, 80 cordes de bois, 400 fagots et 15 milliers de foin, tant pour ses appointemens que pour ses ustencils, outre son logement.

Au Commissaire de guerre, 300 livres et 10 cordes de bois pour ses ustencils, outre son logement.

Au sieur Diedermann, Preteur Royal de la dite ville, 2000 livres, 60 cordes de bois, 300 fagots et 15 milliers de foin pour ses appointemens et 400 livres pour son logement à lui, la somme de 1500 livres de pension, que Sa Majesté lui a cy-devant accordé en recompense de ses services, pour en jouir sa vie durante, sans que ladite pension puisse passer à son successeur, sous quelque pretexte que ce soit.

Aux six Bourguemaitres, 5040 livres, 72 cordes de bois et 1800 fagots, à partager egalement entr'eux pour tous gages, droits et vaccations.

Au Sindic, pour la meme cause, 840 livres, 12 cordes de bois, 300 fagots, 24 rezeaux de grains, 36 mesures de vin et 10 milliers de foin, outre son logement.

Aux 20 Conseillers, 2000 livres et 40 cordes de bois, à raison de 100 livres et deux cordes de bois chacun.

Au greffier-criminel de la Chambre de tutelle, 400 livres, 6 cordes de bois et 200 fagots, outre son logement.

Au Preteur Royal, Bourguemaitres, sindic et greffier, 600 livres pour leur droit de gobelet, à raison de 60 livres chacun des Bourguemaitres, sindic et greffier et 120 livres pour le Preteur Royal.

Au Receveur des revenus communs, 300 livres et 4 cordes de bois.

Au Receveur des deniers royaux, 100 livres et 4 cordes de bois.

Au garde des archives, 300 livres, 6 cordes de bois et 200 fagots.

A l'huissier audiancier, 100 livres, 2 cordes de bois et 150 fagots.

Au Medecin françois, 300 livres et 6 cordes de bois.

Au Medecin originaire du pays, pareille somme de 300 livres et pareilles 6 cordes de bois.

A l'inspecteur des batimens, 200 livres, 8 cordes de bois, 300 fagots et 6 milliers de foin.

Au sieur Fridt, inspecteur des bois et forrets, 400 livres de pension, « dont il jouira » tant qu'il sera en fonction dudit office ; et mutation arrivante de la part dudit sieur Fridt, ledit office sera reuny à celuy de l'inspecteur des batimens et, en ce cas, celui qui en sera revêtu jouira d'une augmentation de 200 livres seulement, à prendre sur la somme destinée pour les depenses extraordinaires et imprevües.

Au sergent des gardes de la ville, 162 livres, 4 cordes de bois, 200 fagots et 10 rezeaux de grains.

Aux quartiers maitres, pour le logement des trouppes, 250 livres et 4 cordes de bois.

Au sergent du bureau des logements, 200 livres et 2 cordes de bois.

Aux gardes, au messager et aux 4 sergents, 900 livres, 12 cordes de bois, 600 fagots et 36 rezeaux de grains à partager entr'eux par portion egalle.

Aux dittes gardes, 25 livres pour leurs bottes et manteaux.

Aux inspecteurs et visitteurs de la Halle aux grains, de pains et boullangerie, poids, balances et moulins 106 livres, 13 sols, 4 deniers.

Aux dits foretiers, 216 livres, 12 cordes de bois et 24 rezeaux de graîns.

Aux trois portiers des portes de la ville, 156 livres outre le logement, a raison de 52 livres chacun.

Au commis des grilles et barrieres des canalles, 32 livres.

Au concierge de l'hotel de ville 20 livres.

Aux deux gardes du clocher, 300 livres et 4 cordes de bois.

A l'horloger, 50 livres, 2 cordes de bois et 100 fagots.

Au chapelain de l'Eglise de la Trinité, pour sa competence, 300 livres, 12 cordes de bois, 200 fagots, 12 rezeaux de grains et 12 mesures de vin, outre son logement.

Au sacristain de ladite Eglise, 70 livres, 2 cordes de bois et 100 fagots.

Aux maitres des ecoles catholiques et substituts, 670 livres, 22 cordes de bois, 600 fagots, 30 rezeaux de grains et deux maisons pour leur logement.

Aux Pères Jesuites du College de ladite ville, pour l'entretien des Regens dudit college, 1800 livres, 12 cordes de bois et 200 fagots.

Aux Pères Capucins pour aumône, 150 livres et 30 cordes de bois.

Aux Ministres et Maitres d'ecoles de la Confession d'Augsbourg, 1979 livres, 6 sols, 8 deniers, 72 cordes de bois, 1800 fagots, 139 rezeaux de grains et 6 maisons pour leur logement.

Aux 2 sages femmes, 120 livres a raison de 60 livres chacune.

Au Geolier des prisons, 80 livres et 4 cordes de bois.

A celui qui sonne la cloche de la retraite, 30 livres.

Aux Chasse-mandiants, 120 livres.

Au Maître des hautes œuvres, 66 livres 13 sols 4 deniers, 4 cordes de bois, 150 fagots et 8 rezeaux de grains, outre une maison pour son logement.

Pour les gages des officiers du bourg de Ste Croix et de la Seigneurie d'Hohenlandsberg, 750 livres et 65 rezeaux de grains, à raison de 250 livres et 40 rezeaux de grains pour le curé ; 200 livres et 22 rezeaux de grains pour le chapelain ; 5 rezeaux de grains pour le greffier ; 60 livres pour le forêtier ; 20 livres pour le portier de la porte d'en bas ; 10 livres pour le valet de ville ; 150 livres pour le Bailly de la Seigneurie d'Hohenlandsberg et 60 livres pour le forêtier.

Aux officiers de l'hopital du Roy, 550 livres pour leur tenir lieu de logement, scavoir : 200 livres au medecin, 150 au chirurgien ordinaire et 140 livres à l'entrepreneur ; comme aussi 60 livres au chirurgien en second.

Pour l'acquit des rentes, contre cens et droits non rachetables, 1745 livres 12 sols 2 deniers, 11 mesures 6 pots de vin et 140 rezeaux, deux boisseaux de grains de différentes especes savoir : 200 livres à l'eveché de Constance ; 252 livres à la Baronie de Hattstatt et 1264 livres 13 sols 4 deniers à la prefecture d'Haguenau ; 25 livres 6 sols 8 deniers, 38 rezeaux 5 boisseaux de grains et 11 mesures 6 pots de vin, au Prieuré de St Pierre ; 100 rezeaux de grains à la famille de Stolberg [Rothberg] ; une rezale et

3 boisseaux à celle de Wangen ; 3 livres 14 sols 4 deniers à divers particuliers.

A l'intendant de la Province pour l'audition des Comptes, 1000 livres, suivant l'arret du Conseil du 10 Juillet 1717.

Pour les frais de renouvellement des Magistrats 600 livres ; pour le chauffage de l'Hôtel de ville, chancellerie, greffe, archives, corps de garde, recrües et autres fournitures extraordinaires, 286 cordes de bois et 2400 fagots ; pour les casaques et livrées des messagers, sergents et autres employés inférieurs, 200 livres ; pour le renouvellement du pavé, 1000 livres.

Au Sieur Lagrange, controlleur de la Douane, 300 livres de pension annuelle, qui lui sera payée tant qu'il possedera ledit office ; mutation arrivante de sa part, ledit office demeurera éteint et supprimé, sans pouvoir etre retabli à l'avenir.

Et pour l'entretien des maisons et édifices publics, murs, portes, ponts, pavés, pompes et seringues pour le feû ; de 5 chevaux pour le service de la ville, chariots et equipage necessaire ; nettoyement de boües ; luminaire de l'hotel de ville, fourniture de chandelles aux trouppes et toutes autres depenses extraordinaires et imprevües 15070 livres 14 sols 6 deniers, à la charge par le Receveur des deniers patrimoniaux de conter annuellement.

Fait Sa Majesté deffense aux Bourguemaitres et Magistrats de la ville d'augmenter lesdites charges, ni de divertir les deniers qui y sont affectés sans sa permission ou celle du Sieur intendant audit pais à peine d'en répondre en leur propre et privés noms.

Seront pareillement payées par preférence, ainsi que lesdittes charges, les rentes cy aprés, montantes annuellement a 3983 livres 17 sols 4 deniers, au capital de 82213 livres 6 sols 8 deniers et seront lesdittes rentes continuées à l'avenir, sams remboursement de capitaux, attendu leur destination, scavoir :

Au Receveur de la fabrique de la paroisse de St Martin de Colmar, 275 livres 2 sols de rente, au principal de 6980 livres, portées en différents contracts des années 1427, 1445, 1463, 1474, 1480, 1484, 1496, 1513, 1520, «1521» 1522, 1561.

Aux administrateurs de l'hopital de la ditte ville, 3298 livres 6 sols 8 deniers de rente, au principal de 65 966 livres 13 sols 4 deniers portées en plusieurs contracts, urbaires et comptes dudit hopital, depuis l'année 1614 jusqu'à présent.

Au Directeur de l'aumonerie, 250 livres 16 sols 8 deniers de rente, au principal de 5016 livres 12 sols 4 deniers, constitués par contracts des années 1464, 1567, 1569 et 1575 ; et aux religieuses de l'ordre de St Dominique du Couvent de Ste Catherine, 159 livres 12 sols de rente, au principal de 4250 livres, portées par quatre contracts des années 1428, 1458, 1539 et 1547.

Et à l'egard des autres dettes de laditte Communauté, Sa Majesté les a validées et liquidées pour etre payées et acquittées aux créanciers d'icelle, suivant l'ordre de leur hypotheque, ainsi qu'il en suit, savoir :

Au grand Chapitre de la cathédrale de Strasbourg, comme possesseur du Prieuré de St Pierre, la somme de 9750 livres en principal, portée par les urbaires et comptes des années 1604, 1609, 1613 et 1614, et 450 livres pour intérêts.

A l'hopital dudit lieu, la somme de 780 livres[1] en principal, à cause de pareille somme, que la Communauté avoit reçue de Martin Ecklin, debiteur dudit hopitâl, le 26e janvier 1694 et 99 livres 15 sols pour interets ;

Au sieur comte de Rosse [Rosen] la somme de 12 000 livres en principal, restant de celle de 42 000 livres, portée en obligation du 9 mars 1716 et 450 livres pour interets.

A la fabrique de la paroisse, 275 livres pour ouvrages [arrérages] a elle dûes de la rente cy dessus.

A l'hopital et maladrerie 23 298 livres 6 sols 8 deniers, pour pareilles arrerages.

A l'aumonerie 2429 livres[2] 12 sols 8 deniers d'arrerages de sa rente,

Et aux religieuses de St Dominique 159 livres 12 sols, pour pareils arrerages.

Revenantes toutes les sommes ainsy validées, à celle de 50 292 livres 8 sols 4 deniers, scavoir : en principal à 22130 livres, et en interets et arrerages de rentes, liquidées jusqu'au dernier décembre

[1] 380 livres sur l'autre copie.
[2] 3429 livres sur l'autre copie.

1720, à 28162 livres 8 sols 4 deniers ; lesquelles sommes seront remboursées et acquittées auxdits créanciers, avec les interrets du retard des principaux seulement, des deniers qui proviendront de la vente qui sera incessamment faite, avec les formalités requises et accoutumées, des treize maisons appartenantes à la Communauté, dont cinq sont occupées par les gardes et sergents de ville, par le marguillier de l'eglise de la Trinité et par les gardes du clocher, et 8 autres par les cloutiers et taillandiers ; lesquelles maisons, sa Majesté permet à ladite Communauté de vendre et aliener a cet effet ; et si les deniers, provenant de la vente desdittes maisons, ne se trouveroient pas suffisants pour l'entier acquittement, le surplus sera pris, tant sur le produit des revenus communs, les charges au prealable acquittées, que sur les deniers que laditte ville doit recevoir et qui restent à imposer sur la province, en consequence de l'arret du Conseil du 16 janvier 1717, pendant la presente année ; et les trois suivantes pour le remboursement de la somme de 60 000 livres, que laditte ville a payé pour le prix de la Terre et Seigneurie de Hohenlandsperg.

Pour les deniers provenants, tant dudit remboursement que de ladite vente, [ils devront] être remis aux dits créanciers par le receveur de la ville de Colmar, sans divertissement, à peine d'en repondre en son propre et privé nom ; et seront lesdittes sommes passées et allouées dans la depense de ses comptes, sur les quittances et lettres des creanciers qu'il sera tenu de rapporter en bonne forme.

Au moyen de quoy, Sa Majesté a dès a présent déchargée laditte communauté de Colmar des dittes dettes et de la somme de 1660 livres[1] 13 sols 4 deniers, pretendüe par les preposés du Corps des marchands, au nom de leur Communauté, en vertu de deux contrats des 23 octobre 1611 et 29 décembre 1621 ; et de celle de 2500 livres, pretendüe par les Directeurs de la fondation faite par Martin Kriegelstein, en vertu du contrat du 14 fevrier 1622 ; et de celle de 1222 livres 4 sols 5 deniers, pretendüe par les heritiers de Simon Bleck [Blech] de Bâle et par Henry Rüffelmann et consorts de Colmar « en qualité d'héritiers de Daniel Pirre [Birr] en vertu

---

[1] 1666 livres sur l'autre copie.

d'un contrat » du 29ᵉ Janvier 1622 ; de celle de 1298 livres[1] 6 sols 8 deniers, aussy pretendüe par les heritiers de George Grandhomme de Sᵗᵉ Marie aux Mines, pour restant de plus grande somme, portée par une promesse passée sous le scel de la ville, le 22ᵉ avril 1632 ; de celle de 600 livres, aussy pretendue par les administrateurs de la banque de Bâle, en vertu du contrat du 25ᵉ novembre 1658 ; de celle de 513 livres 6 sols 8 deniers, pareillement pretendue par les héritiers de Daniel Wetzel, vivant greffier de la ville de Colmar ; de celle de 611 livres 13 sols 14 deniers « pretendüe par ceux de Jean Jacques Riegert, vivant Bourguemaitre de laditte ville pour restant des gages dus audits Wetzel et Riegert en leurs dittes qualité ; de celle de 1416 livres 13 sols 4 deniers » aussy pretendüe par les Directeurs de l'hopital de laditte ville, pour remploye de differents capitaux dûs audit hopital pour [par] plusieurs particuliers, à l'acquit desquels on pretendoit que la Communauté seroit obligée en l'année 1685 ; de celle de 2000 livres, pareillement pretendüe par les Religieuses de l'ordre de Sᵗ Dominique, du Couvent des Unterlinden de laditte ville.

Ensemble de tous les interets et arrerages des dittes sommes principales, comme aussy de toutes les demandes et pretentions desdits creanciers et de toutes autres dettes, non comprises au procés verbal et avis desdits sieurs Commissaires « et present arrét conformement à celuy du 26ᵉ juin 1717 et à l'ordonnance des Sieurs Commissaires », rendue en consequence, le 20 janvier 1718.

Faisant Sa Majesté deffense aux dits creanciers et tous autres, de faire pour raison d'icelles aucunes demandes, ny poursuittes contre laditte Communauté, à peine de 3000 livres d'amende et de tous depens, dommages et interêts.

Fait aussy Sa Majesté deffense à la ville et Communauté de Colmar et à ses officiers de faire à l'avenir aucun emprunt ou alienation, sans sa permission ou celle du Sieur Intendant en Alsace, expresse et par ecrit, à peine contre ceux desdits officiers, qui auront signés les Contrats ou autres actes obligatoires, d'en demeurer responsables en leur propre et privé nom, sans aucun recours

---

[1] 1198 livres sur l'autre copie.

contre la Communauté, quand même ils auroient eté autorisés auxdits emprunts par des deliberations des habitants.

Ordonne en outre Sa Majesté, que sur le fond des deniers communs de laditte Ville et Communauté, il en sera pris, pour les frais
de la vérification des dittes dettes, la somme de 1500 livres, la-
quelle sera payée suivant la repartition qui en sera faite par le
Sieur D'Angerwilliers, Intendant audit pays.

Fait en outre Sa Majesté deffense à toute personne de se pourvoir ailleurs, que par devant ledit Sieur Intendant en ladite province pour l'execution du present arrét, payement des dettes,
recours, circonstances, et dependances ; et seront ses ordonnances
a cet effet executées, nonobstant opposition ou empechement quel-
conque, Sa Majesté s'en reserve [reservant] la connoissance et icelle
interdit à toutes ses Cours et autres juges. Fait au Conseil d'Etat
du Roy, Sa Majesté y etant, tenu à Paris le 28 novembre 1721.
Signé Fleuriau. « Collationné Chaufour Syndic. »

Extrait des Registres du Conseil d'Etat du Roy. Sa Majesté
s'etant fait présenter [representer] en son Conseil [l']arret rendu
cejourd'huy en iceluy, portant reglement pour la liquidation et
payement des dettes et pour fixation des Charges de la Ville et Communauté de Colmar, et Sa Majesté etant informée que, pour y eta-
blir entiérement le bon ordre et l'y maintenir, il est necessaire de
prescrire quelques regles, a quoy voulant pourvoir ; oui le rapport
du Sieur Le Pelletier de la Houssaye, Conseiller d'Etat ordinaire et
au Conseil de regence pour les finances, Controlleur general des
finances, Sa Majesté etant en son Conseil, de l'avis de M^r le Duc
d'Orleans, regent, a ordonné et ordonne :

Article premier.

Que les prairies et terres labourables, vignes et couppes de bois
appartenantes a la Ville de Colmar, seront desormais compries dans
les baux des revenus communs et que les adjudicataires seront
« chargés de livrer outre le prix du bail, les grains, vins et autres
denrées reglées par ledit arrest, portant fixation des charges
localles ».

2e

Les reparations et ouvrages à faire, soit pour les batiments de la Communauté ou autrement, excedents la somme de 100 livres, seront prelevées [publiées] et adjugées au rabbais par les Magistrats avec les formalités ordinaires ; les marchés et adjudicataires ne pourront estre executés, qu'après l'avoir esté authorisés et approuvés « par le Sieur Commissaire de Party en Alsace. »

3e

Toutes les affaires, concernant la police de la ville, l'administration et employ des biens et revenus patrimoniaux seront traittées en plein Conseil, en assemblée des Magistrats et Conseillers de laditte Ville et les deliberations seront prises à la pluralité des voix et seront inscrittes sur les registres et signés de trois plus anciens Magistrats, qui auront estés presents aux deliberations, à peine de nullité.

4e

Enjoint Sa Majesté aux Magistrats et officiers de laditte Ville et Communauté de Colmar, de se conformer aux dispositions du present reglement et au sieur D'Angervilliers, Conseiller d'Etat, Intendant en Alsace, de tenir la main à l'execution d'iceluy.

Fait au Conseil d'Etat du Roy, Sa Majeste y estant, tenu a Paris le 28e novembre 1721. Signé Fleuriau.

« Nicolas Prosper Bauyn, Seigneur d'Angervilliers, Conseiller d'Etat, Intendant de justice, police et finance en Alsace, vu l'arrest du Conseil d'Etat cy dessus : Nous ordonnons qu'il sera executé selon sa forme et teneur et qu'il sera enregistré dans les registres de la Communauté et deposé au greffe d'icelle. Mandons au Sieur Dietermann, notre subdelegué d'y tenir la main.

Fait à Strasbourg le 13e avril 1722. Signé Bauyn et plus bas [pour] Monseigneur, signé Chateauvillard.

« Louis par la Grace de Dieu, Roy de France et de Navarre, etc. » [Suit la formule exécutoire.]

Copie de l'arrét rendu par le Roy, le 4 août 1764, au sujet de la contestation entre Messieurs du Magistrat et du Conseil de la Ville de Colmar, pour l'execution de celuy du 28e novembre 1721.

Sa Majesté ayant aucunement egard aux representations des Magistrats ou Bourguemaitres de Colmar et faisant droit sur les conclusions des Conseillers, a ordonné et ordonne qu'en consequence dudit arrét de son Conseil du 28 novembre 1721, toutes les affaires concernant la police de laditte ville, l'administration et employe des biens et revenus patrimoniaux d'icelle, la nomination aux employes et les comptes des revenus, seront traittées en l'assemblée des Magistrats et Conseillers de laditte Ville, ces derniers au nombre de six seulement, sçavoir trois de la Religion catholique et trois de la Confession d'Augsbourg, lesquels Conseillers seront pris dans les plus anciens du corps desdits Conseillers.

Ordonne pareillement Sa Majesté, que dans l'assemblée, les deliberations seront prises à la pluralité des voix inscrites sur les Registres et signées par trois des plus anciens Bourgmaitres et trois des plus anciens Conseillers, qui auront été presents auxdittes deliberations. Et seront sur le présent arrét toutes lettres patentes expediées.

Fait au Conseil d'Etat du Roy, Sa Majesté y etant, tenu à Compiégne le 4 août 1764. DUC DE CHOISEUL.

Impr. alsacienne anct G. Fischbach, Strasbourg. — 2091